essentials

Essentials liefern aktuelles Wissen in konzentrierter Form. Die Essenz dessen, worauf es als „State-of-the-Art" in der gegenwärtigen Fachdiskussion oder in der Praxis ankommt. Essentials informieren schnell, unkompliziert und verständlich

- als Einführung in ein aktuelles Thema aus Ihrem Fachgebiet
- als Einstieg in ein für Sie noch unbekanntes Themenfeld
- als Einblick, um zum Thema mitreden zu können.

Die Bücher in elektronischer und gedruckter Form bringen das Expertenwissen von Springer-Fachautoren kompakt zur Darstellung. Sie sind besonders für die Nutzung als eBook auf Tablet-PCs, eBook-Readern und Smartphones geeignet.

Essentials: Wissensbausteine aus Wirtschaft und Gesellschaft, Medizin, Psychologie und Gesundheitsberufen, Technik und Naturwissenschaften. Von renommierten Autoren der Verlagsmarken Springer Gabler, Springer VS, Springer Medizin, Springer Spektrum, Springer Vieweg und Springer Psychologie.

Ulrich Klocke • Andreas Mojzisch

Dialektische Führung

Förderung von Dissens als Führungsaufgabe

Dr. Ulrich Klocke
Humboldt-Universität zu Berlin
Berlin
Deutschland

Prof. Andreas Mojzisch
Universität Hildesheim
Hildesheim
Deutschland

ISSN 2197-6708
essentials
ISBN 978-3-658-08889-7
DOI 10.1007/978-3-658-08890-3

ISSN 2197-6716 (electronic)

ISBN 978-3-658-08890-3 (eBook)

Die Deutsche Nationalbibliothek verzeichnet diese Publikation in der Deutschen Nationalbibliografie; detaillierte bibliografische Daten sind im Internet über http://dnb.d-nb.de abrufbar.

Springer Gabler

Gedruckt auf säurefreiem und chlorfrei gebleichtem Papier

Springer Fachmedien Wiesbaden ist Teil der Fachverlagsgruppe Springer Science+Business Media (www.springer.com)

Was Sie in diesem Essential finden können

- Warum ein schneller Konsens in Ihrem Team zwar angenehm, aber nicht immer gut ist.
- Wie Dissens dazu beiträgt, die Qualität von Entscheidungen zu verbessern.
- Was Sie gegen vorschnellen Konsens tun können.
- Wie Sie Dissens stimulieren können und was Sie dabei beachten sollten.
- Wie Sie für die Umsetzung einer Entscheidung am Ende zu einem Konsens kommen.

Vorwort

Dieser Beitrag ist erstmalig im Jahr 2012 im Buch „Die Zukunft der Führung" von Sven Grote im Verlag Springer Gabler erschienen. Er stellt mit der *dialektischen Führung* einen neuen Führungsansatz vor, nach dem Führungskräften situationsabhängig die Aufgabe zukommt, in ihrem Team Dissens zu stimulieren. Was dieses Essential auszeichnet, ist zum einen ein wissenschaftlicher Bezug zu Erkenntnissen der Führungs- und Gruppenforschung und zum anderen ein praxisorientierter Zugang durch Fallbeispiele und konkrete Verhaltensempfehlungen. Mit Ausnahme des Abstracts ist der vorliegende Beitrag identisch mit dem Beitrag im Buch.

Inhaltsverzeichnis

Einleitung

1

Stellen Sie sich vor, Sie sind gemeinsam mit einer Mitarbeiterin und einem Mitarbeiter dabei, für eine freie Stelle in Ihrem Team einen von mehreren Bewerbern und Bewerberinnen auszuwählen. Der Mitarbeiter und Sie haben sich schnell für eine Bewerberin entschieden. Ihre Mitarbeiterin hingegen zweifelt die Kompetenzen der Bewerberin an und favorisiert einen anderen Bewerber. Auch nachdem Sie ihr noch einmal Ihre Argumente genannt haben, bleibt sie bei ihrer Meinung und findet immer neue Stärken des von ihr favorisierten Bewerbers. Es gibt also offensichtlich einen Dissens darüber, wer der oder die Geeignetste für die freie Stelle wäre. Was glauben Sie, was Sie in dieser Situation fühlen, denken und tun würden? Erleben Sie diesen Dissens als störend und versuchen ihn so schnell wie möglich zu beseitigen, zum Beispiel indem Sie Ihrer Mitarbeiterin deutlich machen, dass sie sich der Mehrheit oder Ihrer Entscheidung als Führungskraft beugen muss? Oder versuchen Sie, ihn als Bereicherung zu erleben und steigen erneut in eine Diskussion über die Bewerber/innen ein?

Wie soll eine erfolgreiche Führungskraft mit Dissens umgehen? Der Führungsforscher Keith Grint hat diese Frage wie folgt zu beantworten versucht: „The most successful leaders appear to be those who cultivate the least compliant followers, for when leaders err – and they always do – the leader with compliant followers will fail“ (Grint 2000). Diese Analyse erscheint zunächst irritierend. Sie steht gängigen Führungskonzepten diametral entgegen, da dort „Compliance“, zu Deutsch „Folgebereitschaft“, oft als unmittelbares Erfolgskriterium von Führung betrachtet wird (z. B. Schwarzwald et al. 2001). Erfolgreiche Führungskräfte seien diejenigen, die effektiv Einstellungen und Verhalten ihrer Geführten beeinflussen, dadurch hohe Leistungen von Individuen und Arbeitsgruppen erzeugen, die wie-

U. Klocke, A. Mojzisch, *Dialektische Führung,* essentials,
DOI 10.1007/978-3-658-08890-3_1

derum der Organisation dabei hilft, ihre Ziele zu erfüllen. Wenn hingegen eine Mitarbeiterin beharrlich eine abweichende Meinung äußert oder gar offen gegen die Pläne der Führungskraft Widerstand leistet, kommt dies einem Scheitern der Führungskraft gleich. Die Führungskraft wird das Problem wahrscheinlich bei der Mitarbeiterin suchen und diese als „schwierig" oder als „Querulantin" bezeichnen. Die Ratgeberliteratur ist daher voll von Ratschlägen, wie die Akzeptanz hierarchischer Entscheidungen durch die Geführten sichergestellt werden kann (z. B. Begemann 2005; Faerber et al. 2006).

Nicht nur in hierarchischen Gruppen, sondern generell wird Dissens von den meisten Menschen nicht als Bereicherung, sondern eher als störend erlebt. Äußert eine Person eine abweichende Meinung, ist unsere Sympathie für sie gefährdet (Byrne 1997) und wir verringern den Kontakt. Gleicher Meinung zu sein, wird dagegen als angenehm und stimmig erlebt. Aus diesem Grund gibt es auch ohne eine Führungskraft in Gruppen eine Angleichung von Einstellungen und Verhalten. Zudem gelangen bevorzugt Menschen in eine Gruppe oder Organisation, die bereits vorher den anderen ähnlich sind. Bei der Betrachtung der Bewerbungsunterlagen fällt unser Blick zuerst meist auf das Foto und wir fragen uns: „Passt er oder sie in unser Team?" Und auch der Bewerber selbst wird sich diese Frage bei der Wahl seines Arbeitgebers stellen.

Ohne Zweifel hat Konsens Vorteile: Er hilft dabei, schnelle Entscheidungen zu fällen und einmal gefällte Entscheidungen koordiniert umzusetzen. Unter Zeitdruck und bei einfachen und wenig weitreichenden Entscheidungen kann Konsens daher zur Zielerreichung von Vorteil sein. Von Konsens kann aber auch eine große Gefahr ausgehen, insbesondere wenn er durch Druck auf Abweichler zustande kommt oder dadurch, dass die Geführten die Führungskraft derartig bewundern, dass sie sich schnell und ohne viel nachzudenken ihrer Meinung anpassen. Bewundert werden Führungskräfte unter anderem dann, wenn sie es schaffen, die Geführten durch emotional anregende Kommunikation und aktive Sinnstiftung von einer attraktiven Vision zu überzeugen – mit anderen Worten, wenn sie charismatisch führen.

Der Energiekonzern Enron setzte daher charismatische Führung strategisch ein (Tourish und Vatcha 2006). Vor seiner Insolvenz wurde Enron unter anderem von der Harvard Business School als Modellunternehmen gepriesen. An seiner Eingangstür demonstrierte es seine Vision auf einem riesigen Banner: „FROM THE WORLD'S LEADING ENERGY COMPANY – TO THE WORLD'S LEADING COMPANY". Briefe an die Aktionäre betonten die Stärke des Unternehmens in einer kriegerischen Sprache. Der Vorstandsvorsitzender Jeffrey Skilling war intern als „Darth Vader" bekannt. Den Beschäftigten wurde vermittelt, dass sie zu den cleversten und besten der Welt gehörten und es im Unternehmen zu großem Reichtum bringen könnten. Andererseits sorgte ein perfides Bewertungssystem für die dauernde Gefahr, als „Loser“ abgestempelt zu werden. Zweimal im Jahr wurden die Beschäftigten anhand der Bewertungen in drei Gruppen eingeteilt. Wer zweimal hintereinander zur Gruppe der schwächsten 15 % gehörte, musste das Unternehmen verlassen. Da die Bewertungen subjektiv waren, war es dem Management leicht möglich, mit Hilfe des Bewertungssystems blinde Loyalität zu belohnen und Meinungsabweichler zu bestrafen. Die Vision, durch Höchstleistungen und Loyalität zu Geld und Macht zu gelangen, gepaart mit der Aussicht auf persönliches Scheitern bei negativer Bewertung ließ die Beschäftigten davor zurückschrecken, abweichende Meinungen zu äußern oder gar illegales Verhalten wie Bilanzfälschungen in Frage zu stellen.

Generell führt die Sanktionierung von abweichenden Sichtweisen bzw. Fehlern nicht unbedingt zur Akzeptanz der Meinung der Führungskraft bzw. zu weniger Fehlern. Wahrscheinlicher sind versteckte oder indirekte Formen des Widerstands, beispielsweise Krankmeldungen, Langsamkeit, Rückzug oder die Zurückhaltung und Manipulation von Informationen (Scott 1985). Ironischerweise ist dieser Zusammenhang vielen Führungskräften nicht bewusst. Dies zeigen die Erfahrungen des Führungsforschers David Collinson bei einer Präsentation der Ergebnisse seiner Untersuchung zur Arbeitssicherheit auf Ölplattformen in der Nordsee (Collinson 2005). Die Vorstandsmitglieder eines Unternehmens waren ganz überrascht, dass ihre Mitarbeiter statt der offiziell propagierten „Sicherheitskultur“ in Wirklichkeit eine „Vorwurfskultur“ wahrnahmen und befürchteten, dass die Offenbarung unfallbezogener Informationen ungünstige Effekte auf ihre Leistungsbewertung, Bezahlung und Arbeitsplatzsicherheit haben würde. Die Angst, offen Kritik zu äußern, könnte sogar ursächlich in Zusammenhang mit der Explosion der Ölplattform „Deepwater Horizon“ im April 2010 stehen, die zur größten Umweltkatastrophe in der Geschichte der USA führte. Einem Bericht der New York Times (21. Juli 2010) zufolge beschwerten sich einige Arbeiter über eine mangelnde Verlässlichkeit der Anlage. Wie die New York Times berichtet, hätten sich die Arbeiter aber aus Angst vor einem Jobverlust nicht getraut, offene Kritik zu äußern.

Welche Alternative gibt es zu einer Führerfigur, deren primäres Ziel darin besteht, ihre Mitarbeiterinnen und Mitarbeiter „auf Linie zu bringen“? Ist es sinnvoll, Dissens im Team zu tolerieren oder gar aktiv herbeizuführen, oder sollte die Führungskraft froh sein, wenn schnell ein Konsens gefunden wurde? Zur Beantwortung dieser Fragen werden wir in diesem Kapitel ein neues Führungskonzept vorstellen – das der dialektischen Führung. Unter Dialektik verstehen wir hier eine Methode, durch Denken in Gegensatzbegriffen (These und Antithese) zur Erkenntnis und zur Überwindung der Gegensätze (Synthese) zu gelangen. Dieses Verständnis von Dialektik spiegelt sich auch in der so genannten dialektischen Entscheidungsmethode wider. Darunter versteht man eine Diskurstechnik, die auf die Erhöhung von Dissens zur Verbesserung von Entscheidungen abzielt (Mason 1969). Angelehnt an die dialektische Entscheidungsmethode definieren wir *dialektische Führung* als die Förderung von Dissens zur Verbesserung von Entscheidungen. In diesem Sinne wurde der Begriff erstmalig verwendet von Schulz-Hardt, Mojzisch und Vogelgesang (2008). Unser Hauptargument lautet dabei, dass eine zentrale Aufgabe von Führungskräften darin besteht, Dissens zu fördern, weil Dissens nachweislich die Qualität von Gruppenentscheidungen und die Kreativität erhöht.

2 Hintergrund des Führungsansatzes

Klassische Forschung in Organisationen befasste sich nicht mit den günstigen Folgen von Dissens, sondern ihrem Gegenteil, den ungünstigen Folgen von schnellem Konsens. Irving Janis untersuchte dieses Streben nach Konsens in Gruppen ausführlich (Janis 1982) und nannte es *Groupthink*, in gewollter Ähnlichkeit zu George Orwells Kunstsprache *Neusprech*. Er entwickelte sein Modell anhand von Fallstudien dramatischer Fehlentscheidungen politischer Gremien, z. B. des Beraterstabs von US-Präsident Nixon in der Watergate-Affäre. Laut Janis zeigt sich Groupthink anhand verschiedener Symptome. Beispielsweise haben die Mitglieder einer Gruppe zwar durchaus Zweifel an den Plänen der Gruppe, sie äußern sie jedoch nicht, da jeder vermutet, der einzige Zweifler zu sein. Durch diese Selbstzensur verstärkt sich eine Illusion der Einstimmigkeit, also die Überschätzung des tatsächlichen Konsenses. Äußert dennoch jemand eine abweichende Meinung, so wird Druck auf ihn ausgeübt. In den von Janis untersuchten 17 Fällen geht dieses Streben nach Konsens mit teils dramatischen Fehlentscheidungen einher, die Janis damit erklärt, dass die Gruppen unter Groupthink in ihrer Informationsverarbeitung beschränkt sind. So legen sie sich schnell auf eine Entscheidungsalternative fest und vernachlässigen bei deren Bewertung abweichende Informationen. Auch aktuellere Fehlentscheidungen in Politik und Wirtschaft lassen sich möglicherweise zumindest zum Teil durch Groupthink erklären, beispielsweise die Entscheidung der Bush-Administration für den Krieg gegen den Irak (Kunz 2007).

Haben Führungskräfte Einfluss darauf, ob Groupthink auftritt oder nicht? Janis geht in seinem Modell davon aus und auch empirische Befunde sprechen für diese Annahme – beispielsweise ein Experiment an 208 Studierenden der Wirtschaftswissenschaften (Leana 1985). Die Studierenden sollten in Vierergruppen entschei-

U. Klocke, A. Mojzisch, *Dialektische Führung*, essentials,
DOI 10.1007/978-3-658-08890-3_2

den, welche Beschäftigten einer in die Krise geratenen Druckerei entlassen werden sollen. Je ein Mitglied pro Gruppe bekam die Rolle des Vizepräsidenten, der die Gruppe leiten sollte. In einer Hälfte der Gruppen wurde der Vizepräsident instruiert, direktiv zu führen, d. h., seine eigene Position früh in die Diskussion einzubringen, die Diskussion abweichender Positionen zu verhindern und die Wichtigkeit von Konsens zu betonen. In der anderen Hälfte der Gruppen wurde der Vizepräsident instruiert, partizipativ zu führen, d. h., seine eigene Position erst zu äußern, nachdem das bereits alle anderen Mitglieder in der Gruppe getan haben, zur Diskussion alternativer Lösungen zu ermutigen – ein wichtiger Aspekt dialektischer Führung – und die Wichtigkeit einer korrekten Entscheidung durch die Erkundung aller vorhandenen Informationen zu betonen. Im Einklang mit Janis' Modell schlugen die Gruppen mit partizipativem Vizepräsidenten mehr Problemlösungen vor und diskutierten diese Lösungen intensiver. Sie übernahmen seltener den Vorschlag des Vizepräsidenten, waren hingegen mit der gewählten Lösung am Ende zufriedener. Die Qualität der Entscheidung wurde nur anhand dieser subjektiven Bewertungen durch die Gruppen selbst gemessen. Zu Beginn des folgenden Kapitels werden wir hingegen ein Experiment darstellen, in dem die Entscheidungsqualität objektiver gemessen werden konnte.

3 Beschreibung des Führungsansatzes

In diesem Kapitel werden wir aktuelle Forschung zusammenfassen, die günstige Effekte von Dissens demonstriert. Darauf folgend werden wir zeigen, welche Probleme durch Dissens entstehen können, um abschließend zu verdeutlichen, dass sich Führung folglich in einem Spannungsfeld der Förderung von Dissens und Konsens bewegen muss.

3.1 Welchen Nutzen bringt Dissens mit sich?

Das Groupthink-Modell von Janis hat große Bekanntheit erlangt, steht jedoch empirisch auf tönernen Füßen. So gibt es zwar zahlreiche Einzelfälle, die rückwirkend analysiert und als Belege des Modells angeführt werden. Es gibt aber wenig systematische experimentelle Manipulationen der postulierten Randparameter, die zu Groupthink und zu schlechten Entscheidungen führen sollen. In neueren Studien wurde daher die Heterogenität von Meinungen (Dissens vs. Konsens) experimentell manipuliert, um ihren kausalen Effekt auf den Prozess und die Qualität von Gruppenentscheidungen prüfen zu können (Brodbeck et al. 2002; Klocke 2007; Schulz-Hardt et al. 2006). Diese Studien betrachten Situationen, in denen die Mitglieder teilweise ungeteilte Informationen besitzen, d. h. Informationen, die nur einem Mitglied, nicht aber den anderen vorliegen. Solche Situationen sind bei Gruppenentscheidungen in der Praxis die Regel. In den Studien werden nun die ungeteilten Informationen so über die Mitglieder verteilt, dass diese nur dann die beste Entscheidung finden können, wenn sie die ungeteilten Informationen berücksichtigen (sogenannte *Hidden-Profile*-Situationen). Die Ergebnisse dieser Studien

U. Klocke, A. Mojzisch, *Dialektische Führung,* essentials,
DOI 10.1007/978-3-658-08890-3_3

zeigen, dass Gruppen, deren Mitglieder unterschiedlicher Meinung darüber sind, welche Alternative die beste ist, bessere Entscheidungen fällen als Gruppen, deren Mitglieder einer Meinung sind.

Infobox: Wie wurden die Folgen von Dissens im Labor untersucht? Das Experiment von Schulz-Hardt et al. (2006)

149 Gruppen aus jeweils drei Studierenden bekamen die Aufgabe, gemeinsam zu entscheiden, welcher von vier Bewerbern am Geeignetsten für die Stelle eines Piloten ist. Vor der Gruppendiskussion bekamen die Mitglieder unterschiedliche Informationen über die vier Bewerber. Wie so oft bei Gruppenentscheidungen lagen einige Informationen allen Mitgliedern vor (geteilte Informationen), andere Informationen jedoch nur einem der drei Mitglieder (ungeteilte Informationen). Die ungeteilten Informationen stellten gewissermaßen das Spezialwissen der einzelnen Gruppenmitglieder dar. Auf Basis der Gesamtinformation gab es einen eindeutig besten Bewerber. Die Informationen waren allerdings so über die Mitglieder verteilt, dass 90 % der Mitglieder auf der Basis ihrer anfänglichen Informationen einen suboptimalen (d. h. falschen) Bewerber bevorzugten. Erst bei der Gesamtbetrachtung aller Informationen konnten die Gruppen entdecken, welcher der Bewerber am meisten erwünschte und am wenigsten unerwünschte Merkmale aufwies.

Eine derartige Informationsverteilung wird als *Hidden Profile* bezeichnet, da die beste Alternative anfangs vor den Mitgliedern versteckt ist (Stasser und Titus 1985). Hidden Profiles sind deshalb so relevant für die Untersuchung von Gruppenentscheidungen, weil Gruppen hier potenziell bessere Entscheidungen fällen können als einzelne Individuen. Mit anderen Worten: Bei einem Hidden Profile kann die richtige Lösung nur dann gefunden werden, wenn die Gruppenmitglieder ihr Spezialwissen während der Gruppendiskussion austauschen. Überraschenderweise tun sich Gruppen aber sehr schwer damit, in Hidden-Profile-Situationen die beste Alternative zu identifizieren. Dies liegt u. a. daran, dass die Mitglieder vor allem über ihre geteilten Informationen diskutieren (d. h. das Spezialwissen der einzelnen Gruppenmitglieder fließt zu wenig in die Diskussion ein) und häufig an ihren anfänglich präferierten Entscheidungsalternativen hängen bleiben (Brodbeck et al. 2007; Mojzisch und Schulz-Hardt, in press). Im oben angesprochenen Experiment erkannten z. B. insgesamt nur 34 % der Gruppen den besten Bewerber, obwohl ihnen alle dafür notwendigen Informationen vorlagen, und meist liegt die Lösungsrate sogar noch deutlich niedriger.

Wie wurde nun in diesem Experiment der Einfluss von Dissens auf die Entscheidungsqualität untersucht? Zunächst erhielt jedes der drei Gruppenmitglieder schriftliche Informationen zu den vier Bewerbern. Die Gruppenmitglieder saßen zu Beginn noch getrennt voneinander und sollten sich individuell auf Basis ihrer jeweiligen Informationen für einen der vier Bewerber entscheiden. Anhand dieser anfänglichen Präferenzen für einen der Bewerber wurden die Gruppen unterschiedlich zusammengesetzt: In die Konsensbedingung gelangten drei Studierende, die alle den gleichen falschen Bewerber bevorzugten. Lediglich 7 % dieser Konsens-Gruppen identifizierten durch die Diskussion den richtigen Bewerber. In die Dissensbedingung gelangten drei Studierende, die unterschiedliche Bewerber bevorzugten. Dabei gab es in etwa der Hälfte dieser Dissens-Gruppen ein Mitglied, das den besten Bewerber bevorzugte. Von diesen Dissens-Gruppen identifizierten 62 % durch die Diskussion den besten Bewerber. Dieses Ergebnis ist nicht sonderlich überraschend, da in Diskussionen häufig vor allem über Entscheidungsalternativen diskutiert wird, die zumindest von einem der Mitglieder bevorzugt werden. Erstaunlicher ist das Ergebnis der anderen Hälfte der Dissens-Gruppen, in denen alle drei Mitglieder vor der Diskussion einen falschen Bewerber bevorzugten. 26 % dieser Gruppen identifizierten in der Diskussion den besten Piloten und damit signifikant mehr als die 7 % der Konsens-Gruppen. „Mit anderen Worten, bei Dissens ist es möglich, dass drei Blinde gemeinsam sehen können" (Schulz-Hardt et al. 2008, S. 155, Übersetzung durch die Autoren).

Wie lassen sich diese positiven Effekte von Dissens erklären? Menschen neigen dazu, von sich auf andere zu schließen und die Ähnlichkeit anderer Menschen, insbesondere wenn sie ihnen nahestehen, zu überschätzen (Krueger 1998). Wenn eine andere Person eine Meinung äußert, die unserer widerspricht, sind wir daher meist überraschter, als wenn sie uns in unserer Meinung zustimmt. Überraschung durch das Eintreten unerwarteter Ereignisse mobilisiert unsere Aufmerksamkeit (Petty et al. 2001). Aus diesem Grund motiviert uns die abweichende Meinung einer anderen Person, dieser Abweichung auf den Grund zu gehen. Wir fragen uns vielleicht: „Warum vertritt sie eine falsche Überzeugung? Oder liege ich selbst daneben? Irren wir uns etwa beide und müssen noch mal genauer über die Entscheidung nachdenken?" Dissens führt also dazu, dass wir intensiver über ein Problem nachdenken und ausführlicher in einer Gruppe darüber diskutieren, als wenn sich von Anfang an alle einig sind. So brachten im oben beschriebenen Experiment von Schulz-Hardt und Kollegen die Mitglieder der Dissens-Gruppen im Durchschnitt 71 % aller vorhandenen Informationen in die Diskussion ein, Mitglieder der Konsens-Gruppen jedoch nur 54 %. Die eingebrachten Informationen wurden in den Dissens-Gruppen im Durchschnitt etwa zweimal wiederholt, in den Konsensgruppen im Durchschnitt nur etwa einmal. Die Dissens-Gruppen diskutierten die Bewerberauswahl außerdem durchschnittlich etwa 26 min, die Konsens-Gruppen nur etwa 15 min. Schulz-Hardt und Kollegen konnten schließlich statistisch zeigen, dass die intensiveren Diskussionen in den Dissens-Gruppen der Grund für ihre höhere Entscheidungsqualität war.

Dissens führt aber nicht nur dazu, dass wir die Sachargumente intensiver verarbeiten (d. h. länger diskutieren und mehr Informationen austauschen), sondern auch dazu, dass unsere Verarbeitung und Bewertung der Informationen ausgewogener wird. Ausgewogen bedeutet, dass wir auch Informationen, die nur ein Gruppenmitglied kennt (ungeteilte Informationen) oder die unserer Meinung zuwiderlaufen (präferenzinkonsistente Informationen), wertschätzen und in unsere Entscheidung einbeziehen. Während die Konsens-Gruppen des genannten Experiments vor allem geteilte und präferenzkonsistente Informationen diskutierten (also solche Informationen, die ihre falsche Anfangspräferenz bestätigten), diskutierten die Dissens-Gruppen auch häufiger ungeteilte und präferenzinkonsistente Informationen. Gerade in Hidden-Profile-Situationen verbessert eine solche ausgewogene Berücksichtigung von Informationen, auch wenn sie der eigenen Anfangsmeinung zuwiderlaufen, die Qualität der Entscheidung (Greitemeyer und Schulz-Hardt 2003; Klocke 2007). Dissens verbessert also sowohl die Quantität als auch die Qualität des Informationsaustauschs. Zusammengefasst führt Dissens dazu, dass unsere Voreingenommenheit durch lieb gewonnene Überzeugungen aufgebrochen wird, wir mehr Informationen berücksichtigen, diese ausgewogener beurteilen und dadurch zu Entscheidungen von höherer Qualität gelangen.

Dissens verbessert aber nicht nur die Qualität von Entscheidungen, sondern kann auch kreativer machen. Dies zeigt u. a. ein Experiment an 35 Studentinnen, die die Aufgabe hatten, die Farbe und Helligkeit von 20 Farbdias zu beurteilen (Nemeth und Kwan 1985). Zwar waren alle Dias in verschiedenen Blautönen gehalten, zwei Drittel der Studentinnen wurden jedoch mit den scheinbaren Urteilen weiterer Versuchsteilnehmerinnen konfrontiert, die diese Dias zu 80 bzw. zu 20 % als grün beurteilt hätten. Anschließend wurden alle Studentinnen gebeten, möglichst viele Assoziationen zum Wort „blau“ zu notieren. Die Studentinnen, die mit abweichenden Meinungen konfrontiert worden waren, nannten mehr Assoziationen, insbesondere wenn sie glaubten, dass die abweichenden Meinungen nur von einer Minderheit von 20 % vertreten wurden. Darüber hinaus waren die Assoziationen der Studentinnen, die mit abweichenden Minderheitenmeinungen konfrontiert wurden, kreativer als die der Studentinnen, die sich einer abweichenden Mehrheit gegenüber sahen oder die keine Informationen über die Urteile anderer bekommen hatten. Das heißt, nach Minderheitendissens nannten sie nicht nur gängige Assoziationen wie z. B. „Himmel“, sondern auch ungewöhnliche Assoziationen wie z. B. „Jazz“ (dabei ist zu beachten, dass es sich um eine englischsprachige Stichprobe handelte: daher ist „sky“ eine konventionelle, „jazz“ dagegen eine kreative Assoziation zum Wort „blue“). Das heißt, selbst wenn abweichende Meinungen falsch sind, erhöhen sie unsere Kreativität.

Schließlich wirkt sich Dissens auch darauf positiv aus, wie wir nach neuen Informationen suchen. Dies konnte in einer Studie von Schulz-Hardt et al. (2000) nachgewiesen werden. Wie in der oben beschriebene Hidden-Profile-Studie sollten die Versuchspersonen zunächst getrennt voneinander ihre Präferenz für eine von zwei Entscheidungsalternativen angeben, danach wurden sie auf Basis ihrer Anfangspräferenz in Konsens- und Dissens-Gruppen eingeteilt. Die Gruppen sollten nun den Entscheidungsfall diskutieren und sich auf eine Entscheidungsalternative einigen. In den ersten beiden Experimenten der Studie sollten sich die Gruppen beispielsweise entscheiden, ob ein Unternehmen in der Chemie-Branche einen bestimmten Betrag in ein Entwicklungsland investieren sollte oder nicht. Danach – und jetzt kommt der entscheidende Punkt – hatte die Gruppen die Gelegenheit, zusätzliche Informationen zu dem Entscheidungsfall zu lesen. Diese Zusatzinformationen wurden zumeist als Stellungnahmen von Experten deklariert. Als Grundlage für die Informationsauswahl diente ein Überblicksblatt, auf dem jede Stellungnahme in einer Kernthese zusammengefasst war. Aus dieser These ging eindeutig hervor, inwieweit die jeweilige Zusatzinformation unterstützend oder widersprechend zur zuvor getroffenen Entscheidung sein würde. Die Gruppenmitglieder sollten sich darauf einigen, welche von zehn Zusatzinformationen sie lesen wollten. Die Ergebnisse zeigen zusammengefasst, dass Konsens-Gruppen (d. h. Gruppen, in denen alle Mitglieder die gleiche Entscheidungsalternative favorisierten) vor allem solche Informationen lesen wollten, die ihre Meinung bestätigten. Dagegen suchten Dissens-Gruppen weitgehend ausgewogen sowohl nach meinungsbestätigenden als auch nach meinungswidersprechenden Informationen. Dieses Ergebnismuster konnte in mehreren Experimenten sowohl für studentische Versuchspersonen als auch für Manager nachgewiesen werden. Dissens verbessert also nicht nur den Informationsaustausch während einer Gruppendiskussion und die Entscheidungsqualität, sondern auch die Ausgewogenheit der Informationssuche.

3.2 Welche Probleme kann Dissens mit sich bringen?

Warum wird Dissens in Organisationen so wenig wertgeschätzt, wenn er doch so günstige Wirkungen hat? Wie bereits in der Einleitung angesprochen, bevorzugen die meisten Menschen die Nähe zu Personen, die ihnen ähnlich sind, und sie daher in ihren Meinungen bestätigen. Dementsprechend zeigt eine Metaanalyse von 24 Studien einen negativen Zusammenhang zwischen Aufgabenkonflikten und der Zufriedenheit der Mitglieder in Arbeitsgruppen (De Dreu und Weingart 2003). Aus unserer subjektiven Aversion gegen Dissens können jedoch ganz objektive negative Konsequenzen resultieren. Diese betreffen weniger die Qualität von Entscheidungen als vielmehr ihre Umsetzung. Wenn eine Mitarbeiterin uns widerspricht, so kann dies unsere Sympathie für sie beeinträchtigen, insbesondere wenn es sich um eine uns wichtige Überzeugung handelt (Byrne 1997). Kritik an unserer Meinung verstehen wir häufig als Kritik an unserer Kompetenz. Wir fühlen uns von der Mitarbeiterin abgewertet und reagieren möglicherweise verärgert. So kann Dissens, z. B. darüber, welcher von mehreren Bewerberinnen und Bewerbern für eine freie Stelle ausgewählt werden sollte, zu einem Beziehungskonflikt führen. Dementsprechend zeigt die oben angesprochene Metaanalyse einen deutlichen Zusammenhang zwischen Aufgabenkonflikten und Beziehungskonflikten (De Dreu und Weingart 2003). Beziehungskonflikte wiederum erschweren die Zusammenarbeit im Team und verringern die Akzeptanz von Gruppenentscheidungen. Die Qualität der Entscheidung mag verbessert worden sein, ihre Umsetzung wird jedoch beeinträchtigt, z. B. weil ein Mitglied der Auswahlkommission dem neu eingestellten Bewerber das Leben schwer macht. Dies lässt sich auch am Beispiel eines Fußballteams veranschaulichen: Im Vorfeld eines Spiels mag Dissens einen äußerst positiven Effekt auf das Finden der richtigen Taktik im Spiel haben. Hat das Spiel aber einmal begonnen, sollte sich das Team einig sein, welche Taktik es einsetzt. Unabhängig von der Umsetzung der Entscheidung dauern Entscheidungsprozesse zudem länger, wenn die Beteiligten sich über die beste Alternative zunächst uneinig sind, wie auch das in der Infobox geschilderte Experiment von Schulz-Hardt et al. (2006) gezeigt hat. Auch aus diesem Grund sind die Zuständigen in Organisationen oft froh, wenn sich früh ein Konsens einstellt.

3.3 Führen im Spannungsfeld von Dissens und Konsens

Betrachtet man einerseits den Nutzen von Dissens für eine hohe Entscheidungsqualität und andererseits die Probleme für die Umsetzung von Entscheidungen, so stellt sich die Frage, welches Ziel von Führungskräften angestrebt werden soll.

Offenbar handelt es sich um ein Spannungsfeld zweier wichtiger Ziele, die im Organisationsalltag jeweils neu ausbalanciert werden müssen. Solche Spannungsfelder werden auch im Balance-Inventar der Führung (BALI-F) angenommen (Grote und Kauffeld 2006). Führungskräfte haben demnach die Aufgabe, gegensätzlichen Anforderungen gerecht zu werden (z. B. Nähe vs. Distanz zu den eigenen Mitarbeiterinnen und Mitarbeitern zu schaffen). Die Anforderungen lassen sich danach ordnen, ob sie die Organisation stabilisieren oder dynamisieren. Den von Grote und Kauffeld (2006) postulierten acht Spannungsfeldern könnte ein neuntes Spannungsfeld *Entscheidungsqualität vs. Entscheidungsumsetzung* hinzugefügt werden. Während Dissens, z. B. durch dialektische Führung, vorhandene Denkmuster aufbricht (dynamisiert) und dadurch die Entscheidungsqualität verbessert, erhöht Konsens die Entscheidungsakzeptanz (stabilisiert) und erleichtert dadurch die Entscheidungsumsetzung. Wie Führungskräfte mit diesem Spannungsfeld umgehen sollten, wird im folgenden Kapitel thematisiert.

Relevanz für die Praxis

4

In diesem Kapitel werden wir zunächst darstellen, unter welchen Bedingungen Dissens hilfreich ist. Anschließend werden wir zeigen, was dialektische Führungskräfte daraus für sich ableiten können, also durch welches Verhalten sie Dissens fördern und nutzbar machen können.

4.1 Wann ist Dissens hilfreich?

Wie im letzten Kapitel gezeigt, ist Dissens nützlich für die Entscheidungsqualität, kann aber Probleme bei der Entscheidungsumsetzung mit sich bringen. Daher liegt es nahe, dass sein relativer Nutzen von weiteren Bedingungen abhängig ist. Im Folgenden werden wir auf Merkmale der Organisation, der Aufgabe und des Teams eingehen, die den Nutzen von Dissens beeinflussen.

4.1.1 Einfluss der Organisation

Lichtenstein und Plowman (2009) gehen davon aus, dass Führungskräfte vor allem dann Konflikte aufdecken und Kontroversen stimulieren sollten, wenn ihre Organisation sich in einem Ungleichgewicht befindet, z. B. aufgrund einer Krise oder einer unbeabsichtigten Veränderung. Durch die Offenheit für unterschiedliche Meinungen wird es wahrscheinlicher, dass die Organisation neue Problemlösungen generiert. Sie belegen ihre These anhand mehrerer Fallstudien. Unter anderem beschreiben sie eine Kirchengemeinde, die 50 Jahre lang mit zurückgehenden

U. Klocke, A. Mojzisch, *Dialektische Führung,* essentials,
DOI 10.1007/978-3-658-08890-3_4

Mitgliederzahlen zu kämpfen hatte. Nach zwei erfolglosen neuen Pfarrern in vier Jahren stellte der Kirchenvorstand ein Pfarrers-Ehepaar ein, das die Gemeinde gemeinsam führen wollte. Anstatt die Konflikte und Probleme, die den Mitgliederrückgang verursacht hatten, zu leugnen oder schnell zu beseitigen, sorgten die beiden dafür, dass diese schonungslos offengelegt wurden. So gaben sie jedem Gemeindemitglied ein Buch, in dem die Merkmale „ungesunder" Kirchen beschrieben wurden. Sie forderten die Gemeindemitglieder auf, damit die Ursachen ihres eigenen Verfalls zu analysieren und diese offen zu diskutieren. Zudem initiierten sie Aktivitäten, die zu kontroversen Auseinandersetzungen in der Gemeinde führten. Beispielsweise öffneten sie die Kirche auch wochentags für die Öffentlichkeit, hießen Lesben und Schwule willkommen und luden kontroverse Redner/innen ein. Kurzfristig führten diese Maßnahmen dazu, dass die Mitgliederzahlen noch schneller zurückgingen; bis schließlich die neuen Freiräume dazu führten, dass eine Gruppe junger Mitglieder die Idee hatte, den Obdachlosen der Umgebung Frühstück zu servieren. Die Pfarrer waren in diese Idee nicht involviert, akzeptierten und förderten sie jedoch, so dass innerhalb weniger Wochen „Café Corazon" mehr als 200 Frühstücke pro Woche servierte. In den darauffolgenden fünf Jahren ließen sich weitere Gemeindemitglieder begeistern, boten kostenlose medizinische Untersuchungen an und eröffneten schließlich eine Klinik. Die Kirche schaffte dadurch eine bedeutsame Wende hin zu einer florierenden Institution. Wenn sich eine Organisation in einer Krise befindet, kann also das Fördern von Dissens zu neuen Ideen führen, die aus der Krise führen.

4.1.2 Einflüsse der Aufgabe

Wie im letzten Kapitel dargelegt, hat Dissens vor allem positive Konsequenzen für die Entscheidungs*qualität*, kann jedoch Schwierigkeiten bei der Entscheidungs*umsetzung* mit sich bringen. Bei wichtigen Entscheidungen mit weitreichenden Konsequenzen für die Gruppe oder die Organisation kommt es mehr auf die Entscheidungsqualität an als bei weniger wichtigen Entscheidungen mit kurzfristigen Konsequenzen. Daher sind bei wichtigen, langfristigen Entscheidungen unterschiedliche Meinungen nützlicher.

Neben der Wichtigkeit einer Entscheidung beeinflusst auch ihre Komplexität, wie hilfreich Dissens für die Lösungsqualität ist. Wenn das Wissen einer oder weniger Personen zur Lösung nicht ausreichend ist, da es viele spezifische Fachkenntnisse gibt, sind die oben beschrieben Hidden-Profile-Situationen wahrscheinlicher. Die Gefahr, dass einzelne Personen mit ihren anfänglichen Lösungsvorschlägen „daneben" liegen, nimmt zu. Im Einklang mit dieser Annahme zeigt sich in Feldstudien ein positiverer Zusammenhang zwischen Aufgabenkonflikten und Gruppenleistung, wenn die Aufgabe komplex ist (Jehn 1995). Bei komplexen Aufgaben sollte also mehr Wert auf Meinungsvielfalt gelegt werden als bei einfachen Aufgaben.

4.1.3 Einflüsse des Teams

Andere Bedingungen dafür, dass sich Dissens positiv auswirken kann, beziehen sich nicht auf die Organisation oder die Aufgabe, sondern auf die Arbeitsgruppe selbst. Abweichende Meinungen können sich nur dann positiv auswirken, wenn die Mitglieder sie nicht für sich behalten, sondern sie offen äußern. Wichtig ist daher, dass im Team eine Norm der Offenheit herrscht (Jehn 1995; Lovelace et al. 2001), d. h., dass die Teammitglieder sich frei fühlen, Zweifel offen zu äußern. Damit sich die Mitglieder diese Freiheit nehmen, ist Vertrauen nötig (Dooley und Fryxell 1999), auch die Erwartung von Vertrauen bei den anderen Gruppenmitgliedern. Wenn ein Mitglied erwartet, dass ein anderes Mitglied Kritik an dessen Meinung nicht als Kritik an dessen Kompetenz betrachtet, wird es sich eher zutrauen, diese Kritik zu äußern. Wenn ein Mitglied hingegen bereits erleben musste, dass die Führungskraft nach der Äußerung einer abweichenden Meinung gereizt reagiert hat, ist dieses Vertrauen beeinträchtigt. Vertrauen ist ebenfalls nötig, damit die Informationen, mit denen ein Abweichler seine Meinung begründet, nicht in ihrer Qualität abgewertet, sondern ernst genommen werden (Dooley und Fryxell 1999).

Nachdem eine abweichende Meinung im Team geäußert wurde, ist es wichtig, dass diese Meinung nicht einfach abgelehnt oder angenommen wird, sondern dass sie kritisch und konstruktiv analysiert wird. Diese Analyse abweichender Meinung ist besonders wirksam, wenn sich möglichst viele Teammitglieder daran beteiligen. Dazu passend verbesserte in einer Feldstudie an 21 selbststeuernden Teams eines Postunternehmens Dissens nur dann die Innovativität, wenn die Beteiligung aller Teammitglieder hoch war (De Dreu und West 2001).

Hilfreich ist es zudem, wenn die Mitglieder bei der Bewertung abweichender Meinungen bewusst darüber reflektieren, was die Ziele des Teams sind und wie diese erreicht werden sollen. Diese Reflexivität hilft dabei, dass sachliche Kritik nicht als persönlicher Angriff erlebt wird und dass zur Bewertung eines Vorschlags nicht der Status des Fürsprechers, sondern der Nutzen für Team und Organisation herangezogen wird. Im Einklang mit dieser Annahme verbesserte in einer Feldstudie an 32 teilautonomen Teams verschiedener Organisationen Dissens nur dann die Innovativität und Effektivität, wenn die Reflexivität der Teams hoch war (De Dreu 2002).

Zudem muss der Umgang mit abweichenden Meinungen bei Entscheidungsprozessen gelernt sein. So zeigt ein Experiment an 120 Managern in 30 Vierergruppen, dass schon bei der wiederholten Anwendung von Diskurstechniken, die den Dissens erhöhen, kein negativer Effekt auf die Akzeptanz der Gruppenentscheidung mehr nachzuweisen ist (Schweiger et al. 1989).

4.2 Was folgt daraus für Führungskräfte?

Dissens kann also unter den genannten Bedingungen die Teamleistung verbessern. Der dialektischen Führungskraft kommen daher zwei Aufgaben zu. Erstens kann sie darauf hinwirken, dass in ihrem Team unterschiedliche Meinungen auftreten und danach auch geäußert und wahrgenommen werden. Oder anders formuliert: Führungskräfte können die Wahrscheinlichkeit von Dissens erhöhen. Das Auftreten von Dissens allein reicht aber nicht. Wichtig ist auch, dass die Meinung der Abweichler tatsächlich gehört und integriert wird. Nur dann kann Dissens seine positive Wirkung entfalten. Daher ergibt sich eine zweite wichtige Aufgabe für Führungskräfte: Sie müssen dafür sorgen, dass wahrgenommener Dissens wirklich zu tieferer und ausgewogenerer Verarbeitung der entscheidungsrelevanten Informationen führt und dadurch die Qualität von Entscheidungen verbessert. Im Folgenden werden wir diese zwei Aufgaben von Führungskräften näher betrachten.

4.2.1 Wie kann die Führungskraft Dissens stimulieren?

Eine Führungskraft kann durch die Gestaltung der Rahmenbedingungen und durch ihr eigenes Verhalten in der Kommunikation mit ihren Mitarbeiterinnen und Mitarbeitern unterschiedliche Meinungen im Team stimulieren. Was die Rahmenbedingungen betrifft, kann sie das Team gezielt zusammensetzen, bei wichtigen Entscheidungen externe Experten zu Rate ziehen und für einen gelegentlichen Wechsel der Teammitglieder sorgen. Die Förderung von Dissens beginnt also bereits bei der Personalauswahl und der Teamzusammenstellung.

1. **Teamzusammensetzung**: Feldstudien haben gezeigt, dass in Teams aus Mitgliedern mit heterogenem Wissen (z. B. aufgrund unterschiedlicher Ausbildungen oder Funktionen) mehr Aufgabenkonflikte auftreten, als in funktional homogenen Teams (Pelled et al. 1999). Wenn die Führungskraft dafür sorgt, dass nicht nur eine Heterogenität des Wissens, sondern auch der Meinungen herrscht, erhöht sich die Wahrscheinlichkeit, dass das heterogene Wissen auch

tatsächlich diskutiert und berücksichtigt wird. Soll also beispielsweise ein Projektteam gebildet werden, das eine Entscheidung über zukünftige Forschungsinvestitionen vorbereitet, so ist es sinnvoll, Fürsprecher unterschiedlicher inhaltlicher Schwerpunktsetzungen dort hinzuschicken. Zu bevorzugen ist es, nicht nur zwei, sondern möglichst viele unterschiedliche Meinungen vertreten zu haben (Schulz-Hardt et al. 2008). Zum einen wird es dadurch wahrscheinlicher, dass eines der Mitglieder schon zu Beginn die beste oder zumindest eine gute Alternative bevorzugt. Zum anderen wird die Bildung zweier verfeindeter Subgruppen verhindert. Ob Mitglieder bereit sind, ihre abweichende Meinung auch tatsächlich zu äußern, hängt unter anderem von ihrer Persönlichkeit ab, vor allem von ihrer Extraversion, aber auch von ihrer Gewissenhaftigkeit (LePine und Van Dyne 2001). Wenn eine abweichende Meinung also nur durch ein Teammitglied vertreten werden soll, ist es ratsam, eine Person zu wählen, die selbstsicher auftreten kann und sich einer hohen Entscheidungsqualität verpflichtet fühlt. Wichtig ist in jedem Fall, dass die Führungskraft bei der Personalauswahl und der Zusammenstellung des Teams über ihren eigenen Schatten springt: Wie bereits oben dargestellt, neigen wir dazu, Menschen sympathisch zu finden, die uns ähnlich sind. Gerade dies führt dazu, dass Führungskräfte Teams aus solchen Mitgliedern zusammenstellen, die mit ihnen in wesentlichen Dingen der gleichen Meinung sind. Führungskräfte sollten aber zur Förderung von Dissens auch ganz gezielt solche Mitarbeiterinnen und Mitarbeiter ins Boot holen, die ihnen nicht ähnlich sind.

2. **Externe Experten**: Eine zweite Möglichkeit, für Meinungsheterogenität zu sorgen, ist es, die eigene Arbeit durch unabhängige externe Expertinnen und Experten beurteilen zu lassen. Diese Funktion kommt in Unternehmen häufig Unternehmensberatungen zu, die bei Problemen Missstände aufdecken und Änderungsvorschläge machen sollen. Selbstverständlich ist dabei wichtig, dass die externen Berater auch tatsächlich ihre eigene Meinung vertreten – ein Faktor, der sich häufig allerdings nur schwer beeinflussen lässt.
3. **Wechsel von Gruppenmitgliedern**: Die Zusammensetzung eines Teams kann auch während seines Bestehens geändert werden, wenn einzelne Mitglieder von einem in ein anderes Team wechseln oder ihre Mitgliedschaft tauschen. Ein solcher Wechsel von Gruppenmitgliedern erhöht die Kreativität eines Teams (Choi und Thompson 2005). Der Einfluss der neuen Mitglieder hängt dabei vom bisherigen Erfolg der Gruppe ab (Choi und Levine 2004): Wenn eine Gruppe vor dem Eintreffen der neuen Mitglieder viel Erfolg gehabt hat, ist sie weniger bereit, sich durch die Neulinge beeinflussen zu lassen. Hat die Gruppe dagegen eher Misserfolg gehabt, so werden die Vorschläge der Neulinge einen beträchtlichen Einfluss haben.

4. **Kommunikation mit den Geführten**: Neben der Gestaltung der Rahmenbedingungen kann eine dialektische Führungskraft in der direkten Kommunikation dafür sorgen, dass ihre Geführten auch Informationen und Meinungen äußern, die der Meinung der Führungskraft oder anderer Geführter widersprechen. Dabei bietet sich folgendes Vorgehen an:
   a. **Die Geführten zuerst**: Die Führungskraft lässt zunächst die Geführten zu Wort kommen und stellt erst anschließend ihre eigene Sichtweise dar. Auch bei einem vertrauensvollen Verhältnis mit den Geführten ist die Gefahr groß, dass diese sich sonst voreilig der Meinung der Führungskraft anpassen und mögliche Probleme oder Alternativvorschläge ausblenden. Die Führungskraft erläutert also zunächst nur die Frage und bittet die Geführten darum, Entscheidungsalternativen zu nennen (wenn diese nicht bereits feststehen). Dabei fragt sie die zurückhaltendsten Mitglieder zuerst nach ihrem Wissen, da diese nach langen Beiträgen der Vielredner den falschen Eindruck haben könnten, dem nichts mehr hinzufügen zu können.
   b. **Informationen vor Präferenzen**: Anschließend werden zu den vorhandenen Alternativen möglichst viele Informationen gesammelt, die entweder für oder gegen eine Alternative sprechen. Währenddessen legen weder die Führungskraft noch die Geführten dar, welche der Alternativen sie bevorzugen. Wenn in einer Gruppe früh über die Entscheidungspräferenzen der Mitglieder gesprochen wird, leidet die Entscheidungsqualität, weil die vorhandenen Informationen weniger intensiv und ausgewogen verarbeitet werden (Mojzisch und Schulz-Hardt 2010). Erst nachdem alle relevanten Informationen auf dem Tisch liegen, werden die vorhandenen Entscheidungsalternativen bewertet. Dabei bittet die Führungskraft wieder zunächst die zurückhaltendsten Geführten um ihre Bewertungen.
   c. **Würdigung von Kritik**: Wenn die Führungskraft ihre eigene Position darstellt, stellt sie diese als Meinung zur Diskussion und präsentiert sie nicht wie eine Tatsache. Dadurch trauen sich die Geführten eher zu, die Meinung der Führungskraft zu kritisieren. Wenn es zu einer solchen Kritik kommt, ist es wichtig, dass die Führungskraft nicht nur verbal, sondern auch nonverbal signalisiert, dass die Kritik erwünscht ist, z. B. durch einen freundlichen zugewandten Gesichtsausdruck. Da es sich um eine kritische Situation handelt, werden die Geführten der Reaktion der Führungskraft besondere Aufmerksamkeit widmen und sich an ihr in ihrem zukünftigen Diskussionsverhalten ausrichten. Wenn die Führungskraft zwar zu einer Mitarbeiterin sagt „Danke, das ist ein wichtiger Einwand", dabei aber einen gereizten Gesichtsausdruck macht, könnte es die letzte Kritik der Mitarbeiterin gewesen sein.

d. **Hart in der Sache, weich zu den Personen**: Wenn sich in der Gruppe unterschiedliche Meinungen zu den vorhandenen Alternativen zeigen, interpretiert eine dialektische Führungskraft dies explizit als eine Bereicherung, da die verschiedenen Sichtweisen die Wahrscheinlichkeit erhöhen, am Ende die beste Lösung zu finden. Sie ermuntert zu einer kontroversen Debatte, achtet aber gleichzeitig darauf, dass Meinungen kritisiert werden und nicht Menschen. Das bedeutet z. B., dass sie bei unbegründeter Kritik nach Argumenten fragt und persönliche Beleidigungen unterbricht, ganz nach dem Motto „Hart in der Sache, weich zu den Personen". Um die Wahrscheinlichkeit zu erhöhen, dass abweichende Meinungen und Argumente geäußert und ernst genommen werden, kann die Führungskraft bei wichtigen Entscheidungen eine Einstimmigkeitsregel aufstellen. In diesem Fall ist für eine Entscheidung die Mehrheit der Mitglieder oder ein „Machtwort" der Führungskraft nicht ausreichend, sondern es muss ein Konsens zwischen allen Mitgliedern gefunden werden. Dadurch ist die Mehrheit gezwungen, sich mit der Position der Minderheit auseinandersetzen, was alle Beteiligten motiviert, sich stärker in die Diskussion einzubringen.
e. **Advocatus Diaboli**: Wenn sich bei einer wichtigen Frage sehr schnell ein Konsens einstellt, kann sich eine dialektische Führungskraft als Advocatus Diaboli (Anwalt des Teufels) betätigen oder jemanden im Team mit dieser Rolle explizit beauftragen. Der Advocatus Diaboli hat die Aufgabe, nach möglichen Problemen der gewählten Alternative zu suchen und diese der Gruppe zu präsentieren. Es ist möglich, dass die Geführten gute Argumente finden, die Einwände zu entkräften, so dass die Gruppe bei ihrer Entscheidung bleiben kann. Auch möglich ist, dass die Einwände nicht entkräftet werden können und klar wird, dass tatsächlich eine andere Alternative besser zu bewerten ist.

4.2.2 Wie kann die Führungskraft die Verarbeitung von Dissens verbessern?

Was kann eine dialektische Führungskraft tun, damit Dissens wirklich zu tieferer und ausgewogenerer Verarbeitung und damit zu besseren Entscheidungen führt? Wie oben erläutert, sind dazu Vertrauen, gleichmäßige Partizipation und Reflexivität nötig. Das Vertrauen zwischen den Mitgliedern steigt in dem Maße, in dem jedes Mitglied die Ziele der anderen Mitglieder als übereinstimmend mit den eigenen Zielen erlebt. Vertrauen wird also durch die Betonung gemeinsamer Ziele erhöht und durch die Betonung gegensätzlicher Ziele reduziert. Einige Führungskräfte glauben jedoch, dass Konkurrenz zwischen ihren Mitarbeitenden nützlich ist, weil sie sie zu mehr Leistung anspornt. Sie betonen daher die Leistungsunterschiede zwischen ihren Mitarbeitenden und dass nur die Besten Belohnungen, zum Beispiel eine Gehaltserhöhung oder ein begehrtes Projekt, erhalten können. Dies mag die individuelle Leistung erhöhen, wenn jeder für sich alleine arbeiten kann, es reduziert jedoch die Gruppenleistung, da die Mitglieder sich nicht gegenseitig unterstützen, sondern behindern (Johnson und Johnson 1989). Insbesondere bei nicht übereinstimmenden Meinungen (Dissens) sind übereinstimmende Ziele wichtig. Sie führen dazu, dass die Teammitglieder Kritik an ihren Ideen nicht als Illoyalität oder als Kritik an ihrer Kompetenz wahrnehmen, sondern als Versuch, die gemeinsamen Ziele zu erreichen. Dadurch können sie abweichende Meinungen und Argumente ernsthafter in Erwägung ziehen (Van Blerkom und Tjosvold 1981) und generieren nicht sofort Gegenargumente, um durch die Verteidigung ihrer Position scheinbar auch ihr eigenes Ansehen zu verteidigen. Es gelingt dem Team daher eher, eine Entscheidung zu treffen, die die Argumente der gegensätzlichen Positionen integriert. Daraus lässt für eine dialektische Führungskraft Folgendes ableiten:

1. **Gemeinsame Ziele betonen**: Um Dissens konstruktiv zu nutzen, betont die Führungskraft die gemeinsamen Ziele aller Teammitglieder. Anstatt alle Aufgaben in Teilaufgaben zu zerlegen und diese dann jeweils an einzelne Mitglieder zu delegieren, könnte sie größere Aufgabenzusammenhänge dem gesamten Team oder aber wechselnden Kleingruppen zuteilen. Anstatt die Leistung einzelner Mitglieder herauszuheben, könnte sie die Leistung des gesamten Teams betonen. Für das Erreichen wichtiger Teamziele könnte sie Gruppenbelohnungen in Aussicht stellen, beispielsweise eine gemeinsame Reise oder Feier.
2. **Gleichmäßige Partizipation**: Die Führungskraft achtet auf eine gleichmäßige Beteiligung aller Mitglieder an der Diskussion, damit abweichende Meinungen und Argumente tief verarbeitet und ausgewogen bewertet werden. Dazu ist es sinnvoll, immer wieder „stillere Mitglieder" zu fragen, ob sie weitere Informationen und Argumente äußern möchten. Die Führungskraft sollte jedoch darauf achten, dass sich die stilleren Mitglieder nicht vorgeführt fühlen, sondern ihre Frage als ein Angebot wahrnehmen. Gerade die Beiträge von schüchternen Mitarbeitenden sollten explizit wertgeschätzt werden, um sie kontinuierlich zu steigern.
3. **Orientierung auf die Ziele**: Zudem kommt der Führungskraft die Aufgabe zu, die Ziele und Bewertungskriterien der aktuellen Fragestellung zu betonen, um die oben angesprochene Reflexivität zu gewährleisten. Bei Dissens besteht sonst die Gefahr, dass sich die Diskussion auf Nebenschauplätze verlagert. Es werden dann Vor- und Nachteile von Entscheidungsalternativen thematisiert,

die für die zentralen Ziele des Teams und der Organisation irrelevant sind. Im Eifer des Gefechts bemerken die Kontrahenten dies nicht, so dass der Führungskraft hier die Aufgabe zukommt, für Orientierung zu sorgen.

4. **Kein zu hohes *need for closure***: Die intensive Auseinandersetzung mit abweichenden Meinungen scheint auch mit einer Persönlichkeitsdisposition zu tun haben, die als *need for cognitive closure* (Bedürfnis nach kognitiver Geschlossenheit) bezeichnet wird und sich mit Fragebögen erfassen lässt (Kruglanski und Webster 1996). Personen mit einem hohen need for closure neigen dazu, sich in Urteilssituationen schnell auf eine eindeutige Antwort festzulegen und Ambiguität zu vermeiden. In einem Team, in dem alle Mitglieder ein hohes need for closure aufweisen, werden daher Mitglieder, die von der Mehrheitsmeinung abweichen, nur wenig Gehör finden (Kruglanski et al. 2006). Daher empfiehlt es sich, bei der Zusammenstellung eines Teams durch den Einsatz entsprechender Fragebögen sicherzustellen, dass die Mitglieder ein eher geringes need for closure aufweisen (oder dass es zumindest eine ausgewogene Mischung aus Mitgliedern mit geringem und mit hohem need for closure gibt).

4.2.3 Zusammenfassung

Wenn eine Führungskraft die Qualität von Gruppenentscheidungen erhöhen will, hat sie also folgende Möglichkeiten: (a) Sie kann Dissens fördern, indem sie Teams aus extravertierten, gewissenhaften Mitgliedern mit geringem need for cognitive closure zusammenstellt, die unterschiedlicher Meinung sind und/oder unterschiedliches Fachwissen aufweisen. (b) Im Entscheidungsprozess kann die Führungskraft den Austausch von anfänglichen Entscheidungspräferenzen zunächst unterbinden und das Team dazu bringen, relevante Informationen zu den vorhandenen Alternativen zusammenzutragen. (c) Ihre eigene Meinung sollte die Führungskraft erst zur Diskussion stellen, nachdem die Geführten ihre Meinungen einbringen und diskutieren konnten. (d) Sollte sich zu schnell ein Konsens einstellen, kann sich die Führungskraft als Advocatus Diaboli betätigen oder externe Expertinnen und Experten zu Rate ziehen. (e) Damit Dissens wirklich zu intensiverer und ausgewogenerer Verarbeitung und damit zu besseren Entscheidungen führt, sollte die Führungskraft das Vertrauen im Team durch die Wertschätzung individueller Kompetenzen und die Betonung gemeinsamer Ziele erhöhen, für eine gleichmäßige Beteiligung aller Mitglieder sorgen und darauf achten, dass in der Auseinandersetzung eine Orientierung an relevanten Bewertungskriterien erfolgt.

5 Ausblick: Was bedeutet das für die Zukunft der Führung?

Da Dissens die Qualität von Entscheidungen verbessert, aber auch die Kosten des Entscheidungsprozesses (Zeit, Umsetzung, Beziehungsqualität) erhöht, lohnt er sich vor allem bei wichtigen Entscheidungen mit langfristigen Konsequenzen. Damit ist die Förderung von Dissens vor allem in Projektgruppen relevant, in denen zentrale Unternehmensentscheidungen vorbereitet werden sollen. Projektgruppen stellen die in Organisationen am häufigsten verwendete Art von Gruppenarbeit dar mit weiter steigender Tendenz (Antoni 2000). Das ist nicht verwunderlich, da die Probleme, mit denen sich Organisationen konfrontiert sehen, aufgrund von Globalisierung und der Zunahme vorhandenen Expertenwissens komplexer werden. Man denke beispielsweise an die strategische Entscheidung für oder gegen eine Unternehmensfusion (z. B. die Entscheidung zur Fusion von VIAG und VEBA zum Energieriesen E.ON. sowie zur Übernahme der Mannesmann AG durch Vodafone) oder an die Berücksichtigung nationaler und europäischer Gesetzgebung bei der Entwicklung und Vermarktung eines Produkts. Es ist daher damit zu rechnen, dass die Förderung und Nutzung gegensätzlicher Meinungen in Zukunft für Führungskräfte wichtiger werden wird.

Derzeit wird insbesondere die US-amerikanische Führungsforschung vom Konzept der transformationalen Führung (Bass 1985; Burns 1978) dominiert, einer Erweiterung des klassischen Konzepts charismatischer Führung nach Max Weber. Das anfänglich geschilderte Beispiel von Enron legt nahe, dass sich charismatische Führung nicht so einfach mit der Förderung von Dissens vereinbaren lässt. Charismatische Führungskräfte verfügen über ein hohes Machtmotiv. Es fällt ihnen leicht, ihre Mitarbeitenden von der eigenen Kompetenz und den eigenen Zielen zu überzeugen, da sie über hohe verbale Fähigkeiten verfügen. Sie sprechen ideo-

U. Klocke, A. Mojzisch, *Dialektische Führung*, essentials,
DOI 10.1007/978-3-658-08890-3_5

logische Ziele aus. Und sie schlagen ungewöhnliche Wege ein, um ihre Visionen auch tatsächlich zu erreichen (House et al. 1991). Es geht ihnen in erster Linie darum, ihre eigene Meinung und Vision zu äußern und die Geführten durch ihr charismatisches Auftreten von dieser Meinung zu überzeugen. Diese Eigenschaften scheinen auf den ersten Blick inkompatibel zu sein mit einer Führungskraft, die darum bemüht ist, die Geführten zum Widerspruch zu ermutigen und Abweichlern Gehör zu verschaffen. Anderen Ansätzen zufolge wird transformationale Führung jedoch als ein mehrdimensionales Konstrukt betrachtet, das neben den klassischen Merkmalen von Charisma – Kommunikation einer Vision und Begeisterungsfähigkeit – auch die intellektuelle Stimulation und die individuelle Unterstützung und Förderung beinhaltet (Bass 1985). Naheliegend ist, dass diese verschiedenen Facetten transformationaler Führung unterschiedlich auf die Äußerung von Dissens wirken. Und in der Tat zeigt eine Feldstudie an über tausend Beschäftigten eines kanadischen Krankenhauses, dass die Betonung einer gemeinsamen Vision durch die Führungskraft mit weniger Dissens unter den Geführten einhergeht, die intellektuelle Stimulation, z. B. durch das Infragestellen grundlegender Annahmen, hingegen mit mehr Dissens (Doucet et al. 2009).

Auch die Artikulation einer Vision durch die Führungskraft muss unseres Erachtens nicht zwangsläufig Dissens verhindern. Entscheidend erscheint dabei, wie die Vision entsteht und welchen Inhalt sie hat. So ist einerseits denkbar, dass allein das Management bei ihrer Entwicklung relevanten Einfluss hatte, und die Vision, wie im Falle Enrons, ausschließlich wirtschaftliche Interessen, z. B. das führende Unternehmen der Welt zu werden, beinhaltet. Andererseits ist denkbar, dass es sich um eine gemeinsam entwickelte Vision handelt, bei deren Entstehung auch die Interessen der Beschäftigten, der Gesellschaft und der Umwelt berücksichtigt werden. Entscheidend erscheint insbesondere, ob nur Werte der Einigkeit kommuniziert werden oder ob auch ein konstruktiver Umgang mit abweichenden Meinungen, Kritik und Kontroversen in der Vision enthalten ist. Wenn es der Führungskraft gelingt, den Wert von Dissens überzeugend zu kommunizieren und auch Kritik an ihrer Position als Geschenk und nicht als Illoyalität zu betrachten, scheuen die Geführten wahrscheinlich nicht davor zurück, engagiert und kontrovers zu diskutieren.

Gleichwohl bleibt die Frage, wie das Charisma der Führungskraft auf die Geführten wirkt, sobald ihre Position deutlich wird. Anzunehmen ist, dass Menschen sich einer charismatischen Führungskraft noch schneller in ihren Meinungen anpassen, als sie das schon bei einem „gewöhnlichen Vorgesetzten" tun würden. Möglich ist daher, dass kein Dissens geäußert wird, weil kein Dissens mehr vorhanden ist. Dieses Problem kann eine charismatische Führungskraft dadurch umgehen, dass sie sich insbesondere bei wichtigen Fragen zunächst der Stimme enthält und ihre eigene Position erst äußert, nachdem die Geführten bereits Zeit hatten, ihre Argumente auszutauschen. Entscheidend ist also, dass die Führungskraft trotz der Verlockung, sich an der Bewunderung durch die Geführten zu berauschen, bescheiden genug ist, nicht selbst im Mittelpunkt stehen zu müssen.

Wenn ein Team dann von der Entscheidungsfindung in die Entscheidungsumsetzung geht, kann die Führungskraft ihr Charisma einsetzen, die sich widersprechenden Teammitglieder wieder zu vereinen. Durch Betonung der gemeinsamen Vision wird der Zusammenhalt der Gruppe sichergestellt, der notwendig ist, wenn alle Mitglieder bei der Entscheidungsumsetzung an einem Strang ziehen müssen.

Unsere Schlussfolgerung lautet daher, dass sich dialektische Führung und charismatische Führung im Idealfall ergänzen. Die Führungskraft nutzt dann ihr Charisma, um bei zu hohem Konsens durch intellektuelle Stimulation eingefahrene Denkmuster aufzubrechen und um nach kontroverser Diskussion durch die Betonung der gemeinsamen Vision eine effiziente Entscheidungsumsetzung sicherzustellen.

Was Sie aus diesem Essential mitnehmen können

- Einigkeit mit anderen Personen steigert unsere Sympathie, kann aber die Qualität von Entscheidungen gefährden.
- Unterschiedliche Meinungen (Dissens) motivieren uns dazu, vorhandene Informationen intensiver zu diskutieren sowie tiefer und ausgewogener zu verarbeiten. Dadurch verbessern sie die Qualität von Entscheidungen.
- Als Führungskraft können Sie Dissens stimulieren, indem Sie Ihr Team aus heterogenen meinungsstarken Personen zusammensetzen, externe Experten zu Rate ziehen, sich selbst mit Ihrer Position zunächst zurückhalten und stattdessen für eine gleichmäßige Beteiligung aller Teammitglieder sorgen.
- Da Dissens gleichzeitig aber auch zu Beziehungskonflikten führen kann, sollten Sie sicherstellen, dass in Ihrem Team eine Atmosphäre gegenseitigen Vertrauens herrscht.
- Ist eine Entscheidung gefällt, ist für ihre Umsetzung Konsens wichtig, den Sie beispielsweise durch charismatisches Verhalten fördern können.

U. Klocke, A. Mojzisch, *Dialektische Führung,* essentials,
DOI 10.1007/978-3-658-08890-3

Literatur

Antoni, C. H. (2000). *Teamarbeit gestalten*. Weinheim: Beltz.

Bass, B. M. (1985). *Leadership and performance beyond expectations*. New York: Free Press.

Begemann, P. (2005). *Der erste Führungsjob: Wie Sie sich durchsetzen – wie Sie Fehler vermeiden*. Frankfurt a M.: Eichborn.

Brodbeck, F. C., Kerschreiter, R., Mojzisch, A., Frey, D., & Schulz-Hardt, S. (2002). The dissemination of critical, unshared information in decision-making groups: The effects of pre-discussion dissent. *European Journal of Social Psychology, 32,* 35–56.

Brodbeck, F. C., Kerschreiter, R., Mojzisch, A., & Schulz-Hardt, S. (2007). Group decision making under conditions of distributed knowledge: The information asymmetries model. *Academy of Management Review, 32,* 459–479.

Burns, J. M. (1978). *Leadership*. Oxford: Harper & Row.

Byrne, D. (1997). An overview (and underview) of research and theory within the attraction paradigm. *Journal of Social and Personal Relationships, 14,* 417–431.

Choi, H.-S., & Levine, J. M. (2004). Minority influence in work teams: The impact of newcomers. *Journal of Experimental Social Psychology, 40,* 273–280.

Choi, H.-S., & Thompson, L. (2005). Old wine in a new bottle: Impact of membership change on group creativity. *Organizational Behavior and Human Decision Processes, 98,* 121–132.

Collinson, D. (2005). Dialectics of leadership. *Human Relations, 58,* 1419–1442.

De Dreu, C. K. W. (2002). Team innovation and team effectiveness: The importance of minority dissent and reflexivity. *European Journal of Work & Organizational Psychology, 11*(3), 285–298.

De Dreu, C. K. W., & Weingart, L. R. (2003). Task versus relationship conflict, team performance, and team member satisfaction: A meta-analysis. *Journal of Applied Psychology, 88,* 741–749.

De Dreu, C. K. W., & West, M. A. (2001). Minority dissent and team innovation: The importance of participation in decision making. *Journal of Applied Psychology, 86,* 1191–1201.

Dooley, R. S., & Fryxell, G. E. (1999). Attaining decision quality and commitment from dissent: The moderating effects of loyalty and competence in strategic decision-making teams. *Academy of Management Journal, 42,* 389–402.

Doucet, O., Poitras, J., & Chênevert, D. (2009). The impacts of leadership on workplace conflicts. *International Journal of Conflict Management, 20,* 340–354.

U. Klocke, A. Mojzisch, *Dialektische Führung,* essentials,
DOI 10.1007/978-3-658-08890-3

Faerber, Y., Turck, D., & Vollstädt, O. (2006). *Umgang mit schwierigen Mitarbeitern*. Freiburg: Haufe.

Greitemeyer, T., & Schulz-Hardt, S. (2003). Preference-consistent evaluation of information in the hidden profile paradigm: Beyond group-level explanations for the dominance of shared information in group decisions. *Journal of Personality & Social Psychology, 84,* 322–339.

Grint, K. (2000). *The arts of leadership*. Oxford: Oxford University Press.

Grote, S., & Kauffeld, S. (2006). Stabilisieren oder dynamisieren: Das Balance-Inventar der Führung (BALI-F). In J. Erpenbeck & L. von Rosenstiel (Eds.), *Handbuch Kompetenzmessung* (2. überarbeitete Aufl., S. 317–336). Stuttgart: Schäffer-Poeschel.

House, R. J., Spangler, W. D., & Woycke, J. (1991). Personality and charisma in the U.S. presidency: A psychological theory of leader effectiveness. *Administrative Science Quarterly, 36,* 364–396.

Janis, I. L. (1982). *Groupthink* (2nd ed.). Boston: Houghton-Mifflin.

Jehn, K. A. (1995). A multimethod examination of the benefits and detriments of intragroup conflict. *Administrative Science Quarterly, 40,* 256–282.

Johnson, D. W., & Johnson, R. T. (1989). *Cooperation and competition: Theory and research*. Edina: Interaction Book.

Klocke, U. (2007). How to improve decision making in small groups: Effects of dissent and training interventions. *Small Group Research, 38,* 437–468.

Krueger, J. (1998). On the perception of social consensus. *Advances in Experimental Social Psychology, 30,* 163–240.

Kruglanski, A. W., Pierro, A., Mannetti, L., & DeGrada, E. (2006). Groups as epistemic providers: Need for closure and the unfolding of group centrism. *Psychological Review, 13,* 84–100.

Kruglanski, A. W., & Webster, D. M. (1996). Motivated closing of the mind: „Seizing" and „freezing". *Psychological Review, 103,* 263–283.

Kunz, F. (2007). *Der Weg zum Irak-Krieg: Groupthink und die Entscheidungsprozesse der Bush-Regierung*. Wiesbaden: Verlag für Sozialwissenschaften.

Leana, C. R. (1985). A partial test of Janis' groupthink model: Effects of group cohesiveness and leader behavior on defective decision making. *Journal of Management, 11,* 5–17.

LePine, J. A., & Van Dyne, L. (2001). Voice and cooperative behavior as contrasting forms of contextual performance: Evidence of differential relationships with big five personality characteristics and cognitive ability. *Journal of Applied Psychology, 86,* 326–336.

Lichtenstein, B. B., & Plowman, D. A. (2009). The leadership of emergence: A complex systems leadership theory of emergence at successive organizational levels. *The Leadership Quarterly, 20,* 617–630.

Lovelace, K., Shapiro, D. L., & Weingart, L. R. (2001). Maximizing cross-functional new product teams' innovativeness and constraint adherence: A conflict communications perspective. *Academy of Management Journal, 44,* 779–793.

Mason, R. O. (1969). A dialectical approach to strategic planning. *Management Science, 15,* B403–B414.

Mojzisch, A., & Schulz-Hardt, S. (2010). Knowing others' preferences degrades the quality of group decisions. *Journal of Personality and Social Psychology, 98,* 794–808.

Mojzisch, A., & Schulz-Hardt, S. (in press). Process gains in group decision-making: A conceptual analysis, preliminary data, and tools for practitioners. *Journal of Managerial Psychology*.

Nemeth, C. J., & Kwan, J. L. (1985). Originality of word associations as a function of majority vs. minority influence. *Social Psychology Quarterly, 48,* 277–282.

Pelled, L. H., Eisenhardt, K. M., & Xin, K. R. (1999). Exploring the black box: An analysis of work group diversity, conflict, and performance. *Administrative Science Quarterly, 44,* 1–28.

Petty, R. E., Fleming, M. A., Priester, J. R., & Feinstein, A. H. (2001). Individual versus group interest violation: Surprise as a determinant of argument scrutiny and persuasion. *Social Cognition, 19,* 418–442.

Schulz-Hardt, S., Frey, D., Lüthgens, C., & Moscovici, S. (2000). Biased information search in group decision making. *Journal of Personality and Social Psychology, 78,* 655–669.

Schulz-Hardt, S., Brodbeck, F. C., Mojzisch, A., Kerschreiter, R., & Frey, D. (2006). Group decision making in hidden profile situations: Dissent as a facilitator for decision quality. *Journal of Personality and Social Psychology, 91,* 1080–1093.

Schulz-Hardt, S., Mojzisch, A., & Vogelgesang, F. (2008). Dissent as a facilitator: Individual- and group-level effects on creativity and performance. In C. K. W. De Dreu & M. J. Gelfand (Hrsg.), *The psychology of conflict and conflict management in organizations* (S. 149–177). New York: Taylor & Francis Group.

Schwarzwald, J., Koslowsky, M., & Agassi, V. (2001). Captain's leadership type and police officers' compliance to power bases. *European Journal of Work and Organizational Psychology, 10,* 273–290.

Schweiger, D. M., Sandberg, W. R., & Rechner, P. L. (1989). Experiential effects of dialectical inquiry, devil's advocacy, and consensus approaches to strategic decision making. *Academy of Management Journal, 32,* 745–772.

Scott, J. C. (1985). *Weapons of the weak.* New Haven: Yale University Press.

Stasser, G., & Titus, W. (1985). Pooling of unshared information in group decision making: Biased information sampling during discussion. *Journal of Personality & Social Psychology, 48,* 1467–1478.

Tourish, D., & Vatcha, N. (2006). Charismatic leadership and corporate cultism at Enron: The elimination of dissent, the promotion of conformity, and organizational collapse. *Cultic Studies Review, 5*(1), 87–124.

Van Blerkom, M., & Tjosvold, D. (1981). Effects of social context and other's competence on engaging in controversy. *Journal of Psychology: Interdisciplinary and Applied, 107,* 141–145.